水野仁輔 監修　東京カリ〜番長 著

カレー粉だけで
本格スパイスカレー!

簡単だけど、妥協しないレシピ。

Preface

はじめに

スパイスを使って本格的な
カレーを作ってみたい！

でもなぁ、大変そうだよな。

だって、どんなスパイスを買い揃えたらいいか分からないし、

どのくらいの比率で配合すればいいかも難しそう。

余ったスパイスは使い道がないし、

新しいカレーを作ろうと思ったら、

また別のスパイスを買い足さないといけなくなったりして。

何か特別なテクニックもありそう。

んんん、やっぱりやめよう。

カレールウでいいや…。

そんなふうに諦めそうになってはいませんか？

いやいや、諦めきれませんよね。

だってスパイスカレーは美味しいから。

大丈夫！
カレー粉がすべてを解決してくれます！

簡単なのに本格的。

そんな嬉しい両立をかなえられるレシピを

揃えておきましたよー！

Contents

Tokyo Curry

No Meat

Seafood

My Curry Powder

Bonus Recipe

カレーを作る前に

＊小さじ1は5㎖、大さじ1は15㎖です。

＊ごく少量の調味料の分量は「少々」または「ひとつまみ」としています。「少々」は親指と人差し指でつまんだ分量で、「ひとつまみ」は親指と人差し指と中指の3本でつまんだ分量になります。

＊「適量」はちょうどよい分量、「適宜」は好みで入れなくてもよいということです。

＊野菜類は特に指定のない場合は、洗う、むくなどの作業を済ませてからの手順を説明しています。

＊料理完成写真にはご飯などが添えられていますが、材料には入っていません。好みのものと合わせてお召し上がりください。

＊調味料類は特に指定していない場合は、塩は天然塩、胡椒は黒胡椒、酢は米酢、油は植物油を使用しています。

＊本書では「インデラカレー」（ナイル商会 ☎ 03-3993-4111）のカレー粉を使用していますが、手に入れやすいものや好みのものを使ってください。

カレー粉はさまざまなスパイスホール（種、実、茎、葉など）を
乾燥させて粉状にしたパウダーです。
通常スパイスカレーでは、ホール、パウダーの両方を使いますが、
本書では手軽なカレー粉だけで、本格カレーに仕上げるレシピを紹介します。
とはいえ、"カレー粉"って一体どんなスパイスが入っているの!?
という疑問にお応えすべく、カレー粉に使われるスパイスを紹介します。
カレー粉は香り、色み、辛みのあるスパイスがバランスよくブレンドされます。

◎カレー粉は3つの作用でブレンドされる

香りの役割	色みの役割	辛みの役割
香りをつけ、肉や魚の臭みを消す	赤や黄色の色みをつける	辛みをつける

◎水野が考えるスパイスの役割重要度

香り		色み		辛み
70%	+	10%	+	20%

スパイス名	香り	色み	辛み	特徴
ガーリック	◎	×	△	ほのかな苦みを含む独特の刺激臭は食欲を増進させる。
ガラムマサラ	◎	○	△	数種のスパイスをミックスしたもので、風味が増す。
カルダモン	◎	×	×	強い清涼感があり、香りづけに使う。食欲増進効果も。
クミンシード	◎	△	×	ツンとした香ばしさがあり、カレーに欠かせないスパイス。
クローブ	◎	◎	×	クセのある強い清涼感と濃厚な甘い香り。少量を使うのが○。
コリアンダーシード	◎	△	×	ほかのスパイスとも調和を取りやすく、あると便利な万能スパイス。
シナモン	◎	△	×	甘みと苦みを感じる強い香りで、少し加えるだけで芳醇なカレーに。
ジンジャー	○	×	○	土っぽい香りと爽やかな辛みで、カレーに刺激をプラスする。
ターメリック	○	◎	×	カレー独特の黄色い色と土臭い独特の香りがする。別名「ウコン」。
ナツメグ	◎	△	△	甘くエキゾチックな香りで、肉のカレーをリッチに仕上げる。
パプリカ	◎	◎	×	わずかな甘みと深い香ばしさがある。カレーの色みづけの役割も。
フェヌグリークシード	○	×	×	焦げた砂糖の香りやセロリにも似た独特の香り、苦みを持つ。
フェヌグリークリーフ	◎	○	×	フェヌグリークの葉。クセのある深煎りした緑茶葉のような香り。
ブラックペッパー	○	○	○	カレー粉の主原料のスパイスのひとつ。肉のカレーによく合う。
ホワイトペッパー	○	×	○	ブラックペッパーと違い、少しクセがある香り。使い過ぎに注意。
マジョラム	○	△	△	食欲をそそる甘い香りがあり、クセのある挽き肉などの臭い消しにも。
レッドチリ	◎	◎	◎	パプリカ同様に香ばしさがあるが、強く刺すような辛みもある。

（アイウエオ順）

カレー粉はスパイスの集合体！

クミンシード

ブラックペッパー

レッドチリ

水野がおすすめする6種のカレースパイス

ターメリック

コリアンダーシード

パプリカ

BASIC

with Curry Powder

ゴールデンチキンカレー

カレー粉で本格的なカレーを
作るのに大事なことは3つ。
玉ねぎをキツネ色、
またはタヌキ色まで
根気よく炒めること。
カレー粉を加えるタイミング。
そしてカレー粉の風味を
しっかり引き出すこと。
この"ゴールデンチキンカレー"は、
本書の基本のレシピです。
まずはこのレシピで、
カレー粉の実力を
実感してみてください。

Golden Chicken Curry

ゴールデンチキンカレー

1

玉ねぎを
炒める

2

にんにく、しょうがを
炒める

3

トマト水煮を
加える

| 旨み、甘みを引き出す ➡ | 風味をつける ➡ | 旨み、甘みをさらにプラスする ➡ |

鍋に油を強めの中火で熱し、玉ねぎを炒める。焼き色がついてきたら中火にし、キツネ色になるまで炒める。

コツはあまりいじらないこと。いじることで、玉ねぎに熱が伝わりにくくなってしまう。部分的に焦げてしまっても、煮ているうちに焦げはスープに溶けてしまうので、気にしなくてよい。根気よく、じっくり炒める。

にんにく、しょうがを加えて香りが立つまで炒める。

このとき木ベラで玉ねぎの繊維を壊すように潰しながら炒め合わせる。繊維が潰れることで水分を加えたときに玉ねぎがスープに溶けやすくなる。

トマト水煮を加えて水分を飛ばすように炒める。

ここでは手軽なダイスタイプを使用しているが、ホールタイプだとより甘く仕上がる（トマトの種類が違うため）。その際は木ベラで潰すようにして炒める。またトマトピューレ、トマトペーストなどを使ってもよい。水分が飛んだ目安は、木ベラで鍋底をなぞった際に跡（カレーロード）がしっかり残るまで。

キツネ色

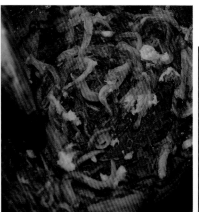

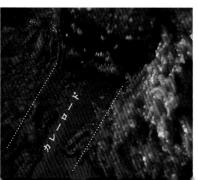

カレーロード

材料（4人分）

鶏もも肉	400g
玉ねぎ	1個(250g)
にんにく	1片
しょうが	1片
パクチー	適量
トマト水煮(ダイス)	200g
カレー粉	大さじ2
塩	小さじ1強
生クリーム	50mℓ
油	大さじ3

下準備

⇨ 玉ねぎは薄切りにする。

⇨ にんにく、しょうがは
　 すりおろす。

⇨ パクチーはみじん切りにする。

⇨ 鶏肉は大きめのひと口大に切る。

recipe by Jinsuke Mizuno

4　カレー粉、塩を加える

→ カレーベースを作る

5　鶏肉を炒め、水を加える

→ 水で全体を均一化させ、鶏肉からだしを煮出す

6　生クリームとパクチーを加える

→ コクをプラスし、全体の味を引き締める

カレー粉、塩を加えて炒め合わせる。

カレー粉は最初に炒めると苦みが出るので、このタイミングで加える。全体的にしっかりと馴染むまで炒め、カレーベースを作る。

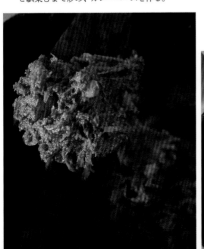

鶏肉を加え、表面の色が変わる程度に軽く炒める。水200〜250mℓを加えて<u>強火</u>にしてひと煮立ちしたら、蓋をして<u>弱火</u>で15分煮る。

水は200〜250mℓとなっているが、好みの濃度で調整する。

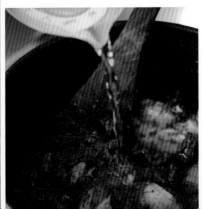

蓋を外して生クリームとパクチーを加える。さらに5分煮て、全体の味を馴染ませる。必要であれば塩（分量外）で味を調える。

生クリームは水でも、ココナッツミルクでも。ハーブもパクチー以外に、ミント、タイム、ローズマリー、好みでレモンなどの酸味を加え、自分好みのカレーに仕上げるとよい。

マリネチキンカレー

"ゴールデンチキンカレー"と同様に基本のレシピ。
とはいえ、鶏肉をカレー粉とヨーグルトでマリネし、
カレー全体にその香りを穏やかに広げる手法です。
さらに玉ねぎもキツネ色よりも深いタヌキ色までじっくりと炒めて
強い旨みと甘み、香ばしさを引き出して作る"マリネチキンカレー"。
ふたつのカレーを作り、食べ比べてどちらが好みか、
味比べをするのも楽しいはずです。

Marinated Chicken Curry
マリネチキンカレー

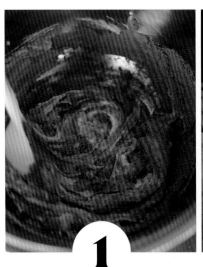

1

マリネ液に
鶏肉を漬け込む

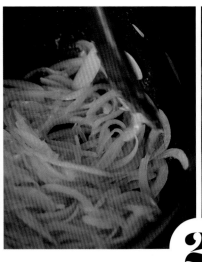

2

玉ねぎを炒める

しょうがとにんにくの風味、
カレーのベースを鶏肉に染み込ませる ➡

甘みを引き出し、さらに香ばしさをプラスする ➡

鶏肉をマリネ液にもみ込み、30分以上漬ける。できたら冷蔵庫に1〜2晩漬け込むと、鶏肉がさらに味わい深くなる。

鍋に油を強めの中火で熱し、玉ねぎを炒める。焼き色がついてきたら、中火にする。ゴールデンチキンカレー（10ページ）の玉ねぎ（キツネ色）よりも、さらに水分が抜けて揚げているようなタヌキ色まで炒め、旨み、甘み、さらに香ばしさを加わえる。

コツはあまりいじらないこと。いじることで、玉ねぎに熱が伝わりにくくなってしまう。部分的に焦げてしまっても、煮ているうちに焦げはスープに溶けてしまうので、気にしなくてよい。根気よく、じっくりと炒める。

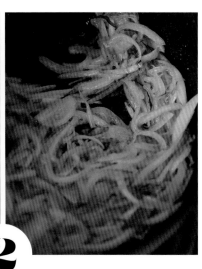

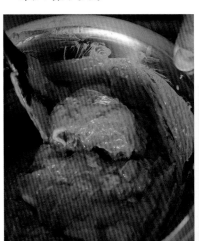

タヌキ色

材料（4人分）	
鶏もも肉	400g
玉ねぎ	1個
ミント	適量
マリネ液	
プレーンヨーグルト（無糖）	100㎖
おろしにんにく	1片分
おろししょうが	1片分
カレー粉	大さじ2
塩	小さじ1強
ココナッツミルク	100㎖
油	大さじ3

下準備

⇨玉ねぎは薄切りにする。
⇨ミントはみじん切りにする。
⇨マリネ液の材料を準備する。
⇨鶏肉は大きめのひと口大に切る。

recipe by Jinsuke Mizuno

3

マリネした鶏肉を炒め、水を加える

➡ 水で全体を均一化させ、鶏肉からだしを煮出す

4

ココナッツミルクと
ミントを加える

➡ コクをプラスし、
全体の味を引き締める

マリネした鶏肉をマリネ液ごと加え、表面の色が変わる程度に軽く炒める。水200㎖を加えて<u>強火</u>にしてひと煮立ちしたら、蓋をして<u>弱火</u>で15分煮る。

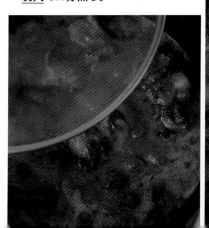

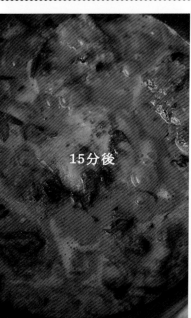

15分後

蓋を外してココナッツミルクとミントを加える。さらに5分煮て、全体の味を馴染ませる。必要であれば塩（分量外）で味を調える。

ココナッツミルクは水でも、生クリームでも。ハーブもミント以外に、パクチー、タイム、ローズマリー、好みでレモンなどの酸味を加え、自分好みのカレーに仕上げるとよい。

5分後

Chicken

with Curry Powder

材料（4人分）

鶏もも肉	2枚
ブライン液	
水	200ml
塩	小さじ1
玉ねぎ	大1個
にんにく	3片
しょうが	1片
トマトピューレ	大さじ3
カレー粉	大さじ2と2/3
鶏ガラスープの素（顆粒）	小さじ2
湯	300ml
マーマレード	大さじ1
塩	小さじ1
油	大さじ3

下準備

⇨ブライン液の材料を合わせ、
　鶏肉を漬けて冷蔵庫にひと晩置く。
⇨玉ねぎは薄切りにする。
⇨にんにく、しょうがはすりおろす。

作り方

1 鍋に油を中火で熱し、玉ねぎ、塩を加えて焼き色がつくまで炒める。

2 水150mlで溶いたにんにくとしょうがを加え、玉ねぎを潰しながらタヌキ色になるまで炒める。

3 水分が飛んだらトマトピューレを加える。しっかりと炒め合わせたら、カレー粉を加えてよく混ぜながら1〜2分炒める。

4 フライパンを中火で熱し、水気をしっかりとふいた鶏肉を皮目から5分焼く。皮がパリッと焼き上がったら裏返し、弱火にしてさらに5分焼く。鶏肉に火が通ったら、食べやすい大きさに切る。

5 3の鍋に湯で溶いた鶏ガラスープの素、マーマレードを加えて強火にする。ひと煮立ちしたら、蓋をして弱火で5分煮て、必要であれば塩（分量外）で味を調える。器に盛り、鶏肉のソテーをのせる。

recipe by Sakari Ito

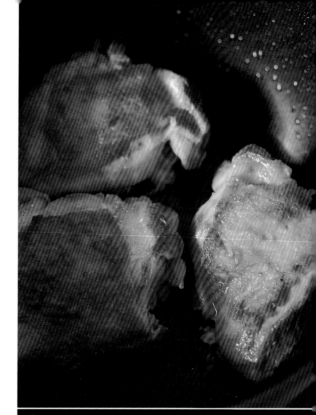

鶏肉のソテーカレー

香ばしく焼き上げた鶏肉のソテーに
スパイシーなカレーを合わせたガッツリ系。
マーマレードは最後に加えて香りを残します。

モヒートチキンカレー

材料（4人分）

鶏もも肉	500g
マリネ液	
プレーンヨーグルト（無糖）	100ml
おろしにんにく	大さじ1/2
おろししょうが	大さじ1/2
玉ねぎ	1/2個
青唐辛子	1〜2本
おろしにんにく	大さじ1/2
おろししょうが	大さじ1/2
トマト	1/2個
ミント	ひとつまみ
カシューナッツ	40g
牛乳	適量
トマトピューレ	100ml
カレー粉	大さじ3
塩	小さじ1弱
ジン	大さじ2
生クリーム	50ml
バター	50g
油	大さじ2

下準備

⇒マリネ液の材料を合わせ、
　ひと口大に切った鶏肉を
　もみ込み、30分置く。
⇒玉ねぎ、青唐辛子はみじん切りにする。
⇒トマト、ミントはざく切りにする。
⇒カシューナッツは4〜5分茹で、
　ミキサーが回る程度の牛乳を加え、
　ペースト状に攪拌する。

作り方

1 鍋にバター、油を中火で熱し、玉ねぎを炒める。玉ねぎの中心まで5割ほど火が通ったら、にんにく、しょうが、青唐辛子を加え、玉ねぎがキツネ色になるまで炒める。

2 トマト、ミントを加え、水分を飛ばすように炒める。

3 トマトピューレを加え、油と馴染むまでよく炒める。

4 カレー粉、塩を加えてさっと炒め合わせ、カシューナッツのペーストを加えて炒め合わせる。

5 マリネした鶏肉、ジンを加える。全体が馴染んだら、蓋をして弱火で10分煮る。

6 生クリームを加えて混ぜ、必要であれば塩（分量外）で味を調える。

recipe by Yoshimi Nair

ジンを加えることで、旨みとコクをプラス。
そしてミントの爽やかな香りと苦みで、
清涼感のあるカレーに仕上げます。

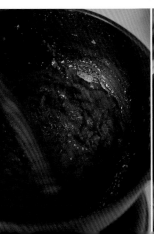

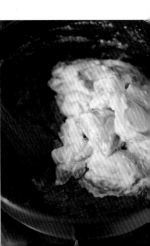

チキンシチューカレー

南インドのシチューで、
日本のカレーのように作ります。
サラッとしていながら
ココナッツミルクの甘い香りを
優しく感じるカレーです。

材料（4人分）

鶏もも肉	500g
じゃがいも	2個
にんじん	1/2本
玉ねぎ	1個
さやいんげん	1束
青唐辛子	1本
しょうがスライス	2枚
カレー粉	大さじ1
塩	小さじ1
ココナッツミルク	400mℓ
バター	30g

下準備

⇒じゃがいもとにんじんは皮をむき、
　玉ねぎとともにひと口大に切る。
⇒さやいんげんはヘタを取り、3等分に切る。
⇒青唐辛子は縦に切り込みを入れる
⇒鶏肉は皮を取り、ひと口大に切る。

作り方

1 鍋にバターを中火で熱し、じゃがいも、にんじん、玉ねぎをさっと炒める。

2 水400mℓを加えて強火にし、ひと煮立ちしたら、蓋をして弱火で5分煮る。

3 鶏肉、青唐辛子、しょうが、カレー粉、塩、ココナッツミルクを加える。ひと煮立ちしたら、蓋をして5分煮る。

4 さやいんげんを加えて3分煮て、鶏肉に火が通ったら完成。必要であれば塩（分量外）で味を調える。

recipe by Yoshimi Nair

チキンハヤシカレー

トマトケチャップを多めに使い、
バターでコクと風味を出したカレー。
ご飯はもちろん、パンにもよく合います。

材料（4 人分）

鶏もも肉	400g
マリネ液	
赤ワイン	大さじ 2
カレー粉	大さじ 2
玉ねぎ	大 1 と 1/2 個
薄力粉	大さじ 2 弱
赤ワイン	200㎖
トマトケチャップ	120㎖
塩	小さじ 1/2
バター	20g
油	大さじ 2

下準備

⇒マリネ液の材料を合わせて
　ひと口大に切った鶏肉をもみ込み、
　15〜20 分置く。
⇒玉ねぎは 1.5cm 幅のくし形切りにする。

作り方

1 鍋に油大さじ 1 を強火で熱する。マリネした鶏肉を加え、全体に焦げ目がつくまで焼いたら一度取り出す。

2 同じ鍋にバターと油大さじ1を入れる。玉ねぎ、塩を加えて中火にして玉ねぎの縁が色づき、薄いキツネ色になるまで炒める。

3 薄力粉を加え、粉気がなくなるまで炒めたら赤ワイン、トマトケチャップ、水100㎖を合わせたものを加えてひと煮立ちさせる。

4 鶏肉を戻し入れ、蓋をして中火で10〜15分煮る。必要であれば塩（分量外）で味を調える。

recipe by Kenta Shima

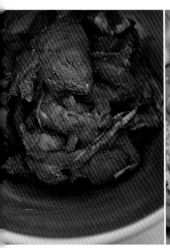  

青しそ香るほうれん草チキンカレー

野菜たっぷりのチキンカレーは、
どこかホッとする味になります。
日本のハーブ、青しそがフワッと広がる
香りを楽しんでください。

材料（4人分）

鶏もも肉	400g
マリネ液	
プレーンヨーグルト（無糖）	100mℓ
おろしにんにく	1片分
カレー粉	大さじ2
塩	小さじ1
ほうれん草ソース	
茹でほうれん草	1/2束分
にら	1/2束
パクチー	3株
青唐辛子	2本
水	100mℓ
玉ねぎ	大1個
にんにく	2片
しょうが	1片
青しそ	5枚
トマトピューレ	150mℓ
カレー粉	大さじ2
塩	小さじ1
砂糖	大さじ1
バター	40g
レモン果汁	大さじ2
生クリーム	100mℓ
油	大さじ3

下準備

⇒マリネ液の材料を合わせ、
　ひと口大に切った鶏肉をもみ込み、
　冷蔵庫にひと晩置く。
⇒ほうれん草ソースの材料をミキサーに入れ、
　ピューレ状に攪拌する。
⇒玉ねぎはみじん切りにする。
⇒にんにく、しょうがは
　すりおろす。
⇒青しそはみじん切りにする。

作り方

1 鍋に油を強めの中火で熱し、玉ねぎ、塩少々（分量外）を加えて軽く色づくまで炒める。

2 にんにく、しょうがを加え、青臭さがなくなり、玉ねぎがキツネ色になるまで炒める。

3 トマトピューレを加える。半量程度になるまで炒めたら弱火にし、カレー粉、塩を加えてよく炒め合わせる。

4 マリネした鶏肉を加え、表面の色が変わるまで炒める。

5 ほうれん草ソース、水100mℓを加え、蓋をして弱火で10分煮る。

6 砂糖、バター、レモン果汁を加え、さらに10分煮たら火を止める。

7 生クリーム、青しそを加えて混ぜ、弱火でさらに5分煮る。必要であれば塩（分量外）で味を調える。

recipe by Yasuyuki Tomoi

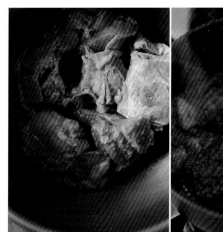

骨つき鶏肉のスープカレー

キリッとスパイシー、そしてコクと旨みたっぷり。
玉ねぎをじっくりとタヌキ色に炒め、
骨つき鶏肉のだしで奥行きのあるスープカレーに！

材料（4人分）

骨つき鶏肉（水炊き用）	600g
玉ねぎ	1個
にんにく	1片
しょうが	1片
なす	4本
しし唐辛子	16本
カレー粉	大さじ3
トマトペースト	大さじ2
プレーンヨーグルト（無糖）	100mℓ
ナンプラー	大さじ1
だし粉	小さじ1/4
塩	小さじ1と1/2
油	大さじ3
揚げ油	適量

下準備

⇒玉ねぎは1.5cm幅のくし形切りにする。
⇒にんにく、しょうがはすりおろす。
⇒なすは縦半分に切り、
　皮目に斜めの切り込みを入れる。

作り方

1 鍋に鶏肉を皮目をから並べて入れ、強めの中火で表面全体がこんがりするまで焼く。ボウルに取り出し、カレー粉を加えて和えておく。

2 同じ鍋に油を中火で熱し、玉ねぎ、塩を加えてタヌキ色になるまで炒める。

3 水100mℓで溶いたにんにくとしょうがを加え、水分が飛ぶまで炒める。

4 さらにトマトペースト、プレーンヨーグルトを加えて水分が飛ぶまで炒める。

5 1の鶏肉を戻し入れ、さっと炒め合わせる。

6 水600mℓ、ナンプラー、だし粉を加える。ひと煮立ちしたら、蓋をしてごく弱火で30分煮る。必要であれば塩（分量外）で味を調える。

7 別の鍋に揚げ油を温め、なすとしし唐辛子を色よく素揚げし、カレーに添える。

recipe by Jinsuke Mizuno

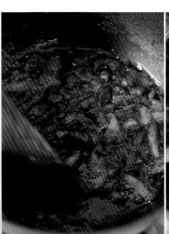

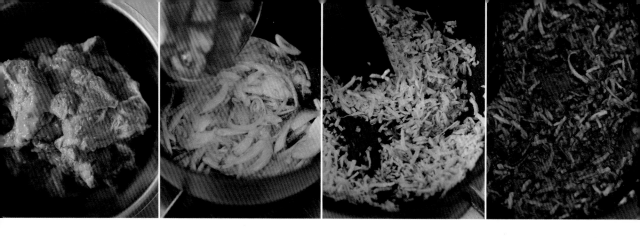

鶏肉とココナッツロングのカレー

ココナッツロングとミルクをダブルで使い、
仕上げにはちみつで甘みとコクをプラス。
やわらかいマリネチキンにカレーがよく絡みます。

材料（4人分）

鶏もも肉	350g
マリネ液	
プレーンヨーグルト（無糖）	大さじ2
おろしにんにく	小さじ2
カレー粉	大さじ2
塩	小さじ1/2
玉ねぎ	大1/2個
トマト	1個
しし唐辛子	1本
ココナッツロング（シュレッド）	100㎖
ココナッツミルク	150㎖
はちみつ	小さじ2
塩	小さじ1弱
油	大さじ4

下準備

⇨マリネ液の材料を合わせて
　ひと口大に切った鶏肉をもみ込み、
　冷蔵庫にひと晩置く。
⇨玉ねぎは薄切りにする。
⇨トマトはヘタを落とし、
　さいの目切りにする。
⇨しし唐辛子はみじん切りにする。

作り方

1 鍋に油大さじ2を中火で熱し、玉ねぎ、塩を加えて薄いキツネ色になるまで炒める。

2 トマトを加え、潰しながら水分がなくなるまで炒める。

3 マリネした鶏肉を加え、色が変わるまでよく炒め合わせる。

4 フライパンに油大さじ2を弱めの中火で熱し、しし唐辛子を炒める。香りが立ったらココナッツロングを加え、フライパンに広げながらしっかりと香ばしくなるまで炒め、一度取り出す。

5 3に4、ココナッツミルク、水200㎖を加えて強火にする。ひと煮立ちしたら、はちみつを加えて弱火で15分煮る。必要であれば塩（分量外）で味を調える。

recipe by Sakari Ito

鶏肉のカリフラワーソースカレー

材料（4人分）

鶏もも肉 ────────────── 400g
マリネ液
　プレーンヨーグルト（無糖）─── 大さじ4
　おろしにんにく ──────── 2片分
　おろししょうが ──────── 1片分
　カレー粉 ──────────── 大さじ2
カリフラワーソース
　カリフラワー ──────── 1/4株（150g）
　塩 ─────────────── ふたつまみ
　牛乳 ──────────────── 50㎖
玉ねぎ ───────────────── 1個
塩 ──────────────── 小さじ1/2
バター ───────────────── 20g
油 ────────────────── 大さじ3

下準備

⇨マリネ液の材料を合わせ、
　皮を取ってひと口大に切った
　鶏肉をもみ込み、冷蔵庫にひと晩置く。
⇨カリフラワーは小房に分ける。
⇨玉ねぎは薄切りにする。

作り方

1 カリフラワーソースを作る。鍋に水500㎖を沸かし、塩を加えてカリフラワーをくたくたになるまで茹でる。粗熱を取り、茹で汁は取っておく。

2 1のカリフラワー、冷ました茹で汁150㎖、牛乳をミキサーに入れ、ソース状に攪拌する。

3 鍋に油を中火で熱し、玉ねぎ、塩、水100㎖を加えて炒める。水分がなくなったら、玉ねぎを潰しながら薄いキツネ色になるまで炒める。

4 マリネした鶏肉を加え、表面の色が変わるまで炒める。

5 残ったカリフラワーの茹で汁200㎖（足りなければ水を足す）を加えて強火にする。ひと煮立ちしたら、蓋をして弱火で5分煮る。

6 カリフラワーソース、バターを加えて混ぜ、さらに15分煮る。必要であれば塩（分量外）で味を調える。

recipe by Sakari Ito

カリフラワーソースがトロリと溶け込んだカレー。
本格的だけど、身体に染み渡る優しい味です。
仕上げに生クリームを回しかけても。

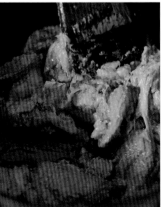

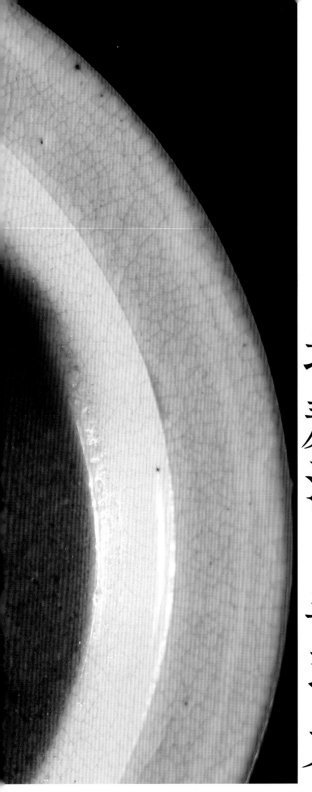

塩麹漬け手羽元カレー

塩麹で漬けた手羽元は
骨からホロリと外れるほどやわらかく、
カレーにも旨みと甘みがプラスされます。
手羽元は時間をかけて漬け込むほどに
美味しくなります。

材料（4 人分）

鶏手羽元	8〜12本
マリネ液	
塩麹	大さじ2（手羽元の重量の10%）
カレー粉	大さじ2
玉ねぎ	小1個
にんにく	2片
しょうが	1と1/2片
プレーンヨーグルト（無糖）	50㎖
湯	400㎖
柚子胡椒	小さじ2
塩	小さじ1/2
油	大さじ3

下準備

⇒マリネ液の材料を合わせ、
　骨に沿って切り込みを入れた手羽元を
　もみ込み、冷蔵庫にひと晩置く。
⇒玉ねぎは薄切りにする。
⇒にんにく、しょうがはすりおろす。

作り方

1 鍋に油を中火で熱し、玉ねぎ、塩を加えてさっと炒める。にんにく、しょうがを加えて玉ねぎが薄いキツネ色になるまで炒める。

2 プレーンヨーグルトを加えて1〜2分よく炒め合わせる。

3 マリネした手羽元を加え、表面全体に火が入るまで炒める。

4 湯を加えて混ぜたら強火にする。ひと煮立ちしたら、蓋をして弱火で手羽元がやわらかくなるまで25分煮る。

5 柚子胡椒を加えて溶かし、必要であれば塩（分量外）で味を調える。

recipe by Sakari Ito

トマトクリームチキンカレー

水を使わずに、野菜の水分だけで作ったカレーは
トマトの風味がたっぷり効いています。
甘みが少なく、あっさりしているのでパンにもぴったり。

材料（4人分）

鶏もも肉	500g
下味	
薄力粉	大さじ2強
カレー粉	大さじ2
塩	小さじ1と1/2
玉ねぎ	1/2個
トマト水煮（ダイス）	400g
生クリーム	100mℓ
牛乳	50mℓ
コンソメ（顆粒）	小さじ1
油	大さじ3

下準備

⇒下味の材料を合わせ、
　ひと口大に切った鶏肉を
　粉気がなくなるまでもみ込む。
⇒玉ねぎは粗みじん切りにする。

作り方

1 鍋に油を中火で熱し、玉ねぎを薄いキツネ色になるまで炒める。

2 下味をつけた鶏肉を加え、全体に焦げ目がつくまで焼きつける。

3 トマト水煮を加え、ひと煮立ちしたら強めの弱火にして10分煮る。

4 生クリーム、牛乳、水50mℓ、コンソメを加え、とろみがつくまで5分煮る。必要であれば塩（分量外）で味を調え、好みで生クリーム（分量外）を回しかける。

recipe by Kenta Shima

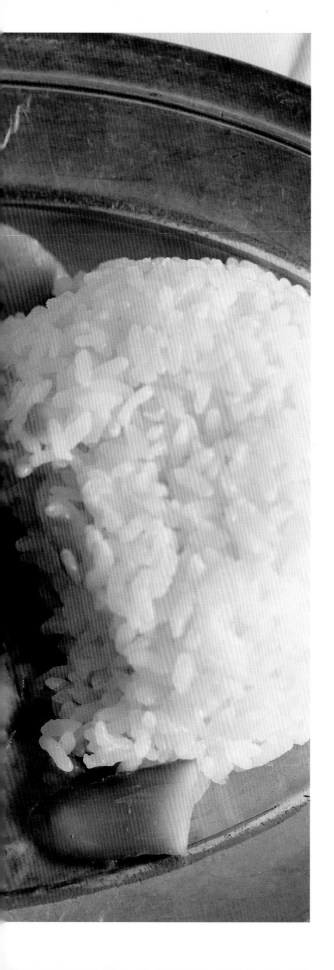

チキンフリカッセカレー

フリカッセとは、
フランスの白いシチューのこと。
にんにく、しょうがを使わずに
カレー粉も風味づけ程度に使います。

材料（4人分）

鶏もも肉	400g
玉ねぎ	大1個
しめじ	1株
A	
牛乳	200mℓ
生クリーム	50mℓ
薄力粉	大さじ1と1/2
カレー粉	大さじ1
塩	小さじ1
コンソメ（顆粒）	小さじ1
白ワイン	100mℓ
バター	30g
油	大さじ1
ピクルス	適宜

下準備

⇒玉ねぎは1.5cm幅のくし形切りにする。
⇒しめじは石づきを落としてほぐす。
⇒鶏肉はひと口大に切る。
⇒Aはシェイカーなどに入れてよくふり、
　乳化させる。

作り方

1 鍋にバターと油を中火で熱する。玉ねぎ、塩、コンソメを加え、玉ねぎの縁が色づき、薄いキツネ色になるまで炒める。

2 しめじ、鶏肉を加え、鶏肉の表面が白く色づくまで炒める。

3 白ワインを加え、ひと煮立ちしたら弱火にして5分煮る。

4 鍋の中の水分が茶色くなってきたら、Aを加えてひと煮立ちさせる。蓋をしてときどき混ぜながら10分煮て、とろみをつける。必要であれば塩（分量外）で味を調える。好みでピクルスを添える。

recipe by Kenta Shima

  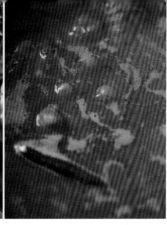

手羽先チキンカレー

手羽先とカレー粉の香ばしさに
ピリリとスパイシーな大人なカレー。
手羽元など、好みの骨つき鶏肉で作っても。

材料（4人分）

鶏手羽先	6〜8本
下味	
カレー粉	小さじ1
塩	少々
胡椒	少々
玉ねぎ	1個
にんにく	2片
しょうが	1片
パクチー	適量
赤唐辛子	3本
トマトピューレ	大さじ4
塩	小さじ1
砂糖	小さじ1/2
カレー粉	大さじ2
プレーンヨーグルト（無糖）	100㎖
ココナッツミルク	50㎖
油	大さじ4

下準備

⇨下味の材料を合わせ、
　粉気がなくなるまで
　手羽先をもみ込む。
⇨玉ねぎは薄切りにする。
⇨にんにく、しょうがはせん切りにする。
⇨パクチーはざく切りにする。

作り方

1 鍋に油大さじ1を中火で熱し、下味をつけた手羽先を皮目から並べ入れる。両面を香ばしく焼きつけ、一度取り出す。

2 同じ鍋に油大さじ3を中火で熱し、赤唐辛子を炒める。色が変わったら玉ねぎを加え、しんなりとするまで炒める。

3 にんにく、しょうがを加え、キツネ色になるまで炒めたら、トマトピューレ、塩、砂糖を加えて混ぜる。

4 全体が馴染んだら、カレー粉、水適量を加えて煮詰める。

5 手羽先を戻し入れ、水300㎖を加える。強火にしてひと煮立ちしたら、蓋をして弱火で30分煮る。

6 プレーンヨーグルト、ココナッツミルクを加えて2〜3分煮る。パクチーを加えてひと混ぜし、必要であれば塩（分量外）で味を調える。

recipe by Bonjour Ishii

ミルクたっぷりレモンチキンカレー

材料（4人分）

鶏手羽元	8本

マリネ液
プレーンヨーグルト（無糖）	200㎖
カレー粉	大さじ2
塩	小さじ1

ミルクソース
マッシュルームスライス	8個分
セロリのざく切り	10cm分
パセリのざく切り	3枝分
にんにくのざく切り	2片分
しょうがのせん切り	4片分
牛乳	500㎖
ココナッツミルク	100㎖
バター	20g
玉ねぎ	大1/2個
レモン果汁	大さじ3
カレー粉	大さじ2
砂糖	大さじ2
塩	小さじ2
生クリーム	50㎖
オリーブオイル	大さじ3

下準備

⇒マリネ液の材料を合わせ、手羽元を
　もみ込んで冷蔵庫に3時間置く。
⇒玉ねぎは薄切りにする。

作り方

1 ミルクソースを作る。セロリは軽く茹で、水気をきっておく。鍋にバターを中火で熱し、牛乳、ココナッツミルク以外の材料を加え、香りが立つまで炒めて粗熱を取る。牛乳、ココナッツミルクとともにミキサーでしっかりと撹拌する。

2 鍋にオリーブオイルを中火で熱し、マリネした手羽元を皮目から並べ入れ、玉ねぎをのせて蒸し焼きにする。鶏肉に焼き色がついたら、ときどき混ぜながら炒め合わせる。焦げそうになったら水適量を加え、鶏肉に火を通す。

3 1のミルクソース、レモン果汁、カレー粉、砂糖、塩を加え、蓋をして弱火で30分煮る。

4 生クリームを加えて混ぜる。ひと煮立ちしたら、火を止めて必要であれば塩（分量外）で味を調える。

recipe by Osho

野菜たっぷりで、辛くないカレーは
子どもと一緒に楽しめるひと皿。
レモンの酸味でさっぱりといただけます。

しょうゆを隠し味で使います。
骨つき鶏肉のだしとやわらかいかぶで
まろやかで優しいカレーに。

かぶと骨つき鶏肉のカレー

材料（4 人分）

骨つき鶏もも肉（ぶつ切り）	800g
かぶ	2個
玉ねぎ	大1個
にんにく	1片
しょうが	1片
トマト水煮（ダイス）	200g
プレーンヨーグルト（無糖）	大さじ3
カレー粉	大さじ2
塩	小さじ1
砂糖	大さじ1
しょうゆ	大さじ1
油	大さじ8

下準備

⇒かぶは茎を 1cm 残して落とし、
　皮つきのまま 8 等分のくし形切りにする。
⇒玉ねぎ、にんにく、しょうがは
　みじん切りにする。

作り方

1 鍋に油大さじ 3 を中火で熱し、にんにく、しょうがを炒める。

2 青臭さがなくなるまで炒めたら、玉ねぎ、塩少々（分量外）を加えて強めの中火でタヌキ色になるまで炒める。

3 トマト水煮、プレーンヨーグルトを加え、半量程度になるまで炒める。

4 弱火にしてカレー粉、塩を加え、よく炒め合わせる。

5 フライパンに油大さじ 5 を中火で熱し、鶏肉の表面をしっかりと焼きつける。

6 4 の鍋に 5、砂糖、しょうゆ、水400㎖を加え、蓋をして弱火で30分煮る。

7 かぶを加えてさらに10分煮て、必要であれば塩（分量外）で味を調える。

recipe by Yasuyuki Tomoi

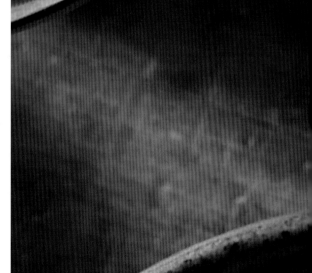

材料（4人分）

鶏もも肉	500g
舞茸	1房
玉ねぎ	1個
にんにく	1片
しょうが	1片
青唐辛子	1〜2本
トマトピューレ	大さじ5
カレー粉	大さじ3
塩	小さじ1
ココナッツミルク	200mℓ
レモン果汁	小さじ2
油	大さじ5

下準備

⇒舞茸は食べやすい大きさに裂く。
⇒玉ねぎは薄切にする。
⇒にんにく、しょうがはせん切りにする。
⇒青唐辛子は斜め薄切りにする。
⇒鶏肉は皮を取り、ひと口大に切る。

作り方

1 鍋に油を中火で熱し、玉ねぎを炒める。玉ねぎの中心まで5割ほど火が通ったら、にんにく、しょうが、青唐辛子を加えて玉ねぎがキツネ色になるまでしっかりと炒める。

2 トマトピューレを加え、水分を飛ばすように炒める。水分が飛んだら、カレー粉、塩を加えて混ぜる。

3 ココナッツミルク、水200mℓを加えて混ぜ、鶏肉を加えて強火にする。ひと煮立ちしたら、蓋をして弱火で10分煮る。

4 舞茸を加えてさっと火を通し、レモン果汁を加え、必要であれば塩（分量外）で味を調える。

recipe by Yoshimi Nair

舞茸チキンカレー

酸味、甘み、辛みをバランスよく。
にんにく、しょうがはせん切りにすることで
サラッとしたカレーになります。

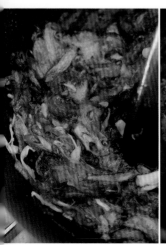

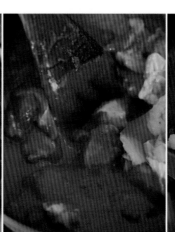

材料（4人分）

鶏もも肉（または鶏むね肉）-------400g
マリネ液
　熟成酒粕-------------------100g
　みりん---------------------大さじ1
玉ねぎ---------------------------1個
にんにく-------------------------1片
しょうが-------------------------2片
パクチー-------------------------2本
トマト水煮（ダイス）----------------200g
カレー粉-----------------------大さじ2
塩-----------------------------小さじ1
ココナッツミルク-------------------300ml
ココナッツオイル（または油）------大さじ3

下準備

⇨マリネ液の材料を合わせ、ひと口大に切った
　鶏肉をもみ込み、冷蔵庫に2〜3晩置く。
⇨玉ねぎは薄切りにする。
⇨にんにく、しょうが、パクチーは
　みじん切りにする（パクチーは根が
　あれば、みじん切りにする）。

作り方

1 鍋にココナッツオイル少々（分量外）を中火で熱する。マリネした鶏肉をマリネ液ごと加えて表面を焼きつけ、一度取り出す。

2 同じ鍋にココナッツオイルを中火で熱し、玉ねぎ、にんにく、しょうが1片分、あればパクチーの根をキツネ色になるまで炒める。

3 トマト水煮を加え、水分を飛ばしながらペースト状になるまで炒める。

4 弱火にし、カレー粉、塩を加えてよく混ぜたら焼いた鶏肉を戻し入れ、よく炒め合わせる。

5 ココナッツミルクを加え、蓋をして20分、弱火にしてさらに10分煮る。

6 残りのしょうが1片分、パクチーを加えてさっと混ぜ、必要であれば塩（分量外）で味を調える。

recipe by Shimoji...

酒粕チキンカレー

熟成酒粕が香る芳醇な味わいで
冷えたビールにもよく合います。
ホロホロにやわらかくなった鶏肉も絶品。

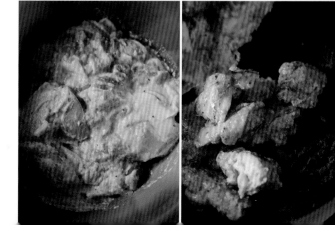

Beef *with Curry Powder*

牛肉の赤ワイン煮カレー

赤ワインをたっぷり使った贅沢カレー。
隠し味ににんじんとはちみつで
辛さのなかにも甘さとコクを効かせます。

recipe by Sakari Ito

材料（4人分）

牛肩ロース肉（ブロック）	400g
マリネ液	
プレーンヨーグルト（無糖）	大さじ3
オリーブオイル	小さじ2
おろしにんにく	2片分
カレー粉	大さじ2
塩	小さじ1/2
ブラウンマッシュルーム	8個
玉ねぎ	1/2個
にんじん	1/3本
しょうが	1片
パセリ	適量
トマトピューレ	大さじ3
赤ワイン	350mℓ
塩	小さじ2/3
はちみつ	大さじ1
バター	20g
油	大さじ3

下準備

⇨マリネ液の材料を合わせて
　ひと口大に切った牛肉をもみ込み、
　冷蔵庫にひと晩置く。
⇨玉ねぎは薄切りにする。
⇨にんじん、しょうがはすりおろす。
⇨パセリはみじん切りにする。

作り方

1 鍋に油を中火で熱し、玉ねぎ、塩を加えてタヌキ色になるまで炒める。

2 水150mℓで溶いたにんじんとしょうが、トマトピューレを加え、水分がなくなるまで炒める。

3 マリネした牛肉をマリネ液ごと加え、表面全体を焼きつける。

4 赤ワイン、水200mℓを加える。ひと煮立ちしたら、弱火で牛肉がやわらかくなるまで45分煮る。

5 ブラウンマッシュルーム、はちみつ、バターを加えて5分煮る。最後にパセリを加えてさっと混ぜ、必要であれば塩（分量外）で味を調える。

牛肉とセロリのヨーグルトカレー

材料（4人分）

牛薄切り肉	300g
セロリ	120g
玉ねぎ	1個
にんにく	3片
スライスアーモンド	20g
トマトケチャップ	大さじ1
カレー粉	大さじ2
プレーンヨーグルト（無糖）	350ml
ベジブロス（市販品を使っても）	150ml
塩	小さじ1
油	大さじ3
福神漬け	適宜

下準備

⇒くず野菜適量（分量外）をたっぷりの湯で茹で、
　ベジブロス150mlを作っておく。

⇒セロリは斜め薄切りにする。

⇒玉ねぎは薄切りにする。

⇒にんにくはみじん切りにする。

作り方

1 鍋に油を中火で熱し、にんにく、スライスアーモンド加えて色づくまで炒める。

2 玉ねぎ、塩を加え、薄いキツネ色になるまで炒める。

3 トマトケチャップを加えてよく混ぜたら弱火にする。カレー粉を加えて1分炒め合わせ、プレーンヨーグルトを加えてさらに5分炒める。

4 フライパンに油少々（分量外）を中火で熱する。牛肉を加えて色づくまで炒め、セロリも加えてさっと炒める。

5 4、ベジブロスを3の鍋に加え、沸騰しないようにかき混ぜながら5分煮る。必要であれば塩（分量外）で味を調える。好みで福神漬けを添える。

recipe by Sakari Ito

具材の牛肉はヨーグルトでさっぱりとした仕上がりに。
ベジブロスに使うのは、材料の野菜の皮などで十分。
グツグツ煮込み、野菜の美味しいだしを引き出します。

材料（4人分）

牛バラ肉（ブロック）	500g
じゃがいも	大1個
玉ねぎ	1個
青唐辛子	1〜2本
おろしにんにく	大さじ1
おろししょうが	大さじ1
トマトピューレ	100ml
カレー粉	大さじ4
塩	小さじ1弱
プレーンヨーグルト（無糖）	100ml
赤ワイン	100ml
はちみつ	小さじ2
バター	20g
油	大さじ5

下準備

⇒じゃがいもは皮をむいて
　ひと口大に切り、水にさらす。
⇒玉ねぎは薄切りにする。
⇒青唐辛子は斜め薄切りにする。
⇒牛肉はひと口大に切る。

作り方

1 鍋に油を中火で熱し、玉ねぎを炒める。玉ねぎの中心まで7〜8割火が通ったら青唐辛子、にんにく、しょうがを加えてタヌキ色になるまで炒める。

2 トマトピューレを加え、水分を飛ばすように炒めてカレー粉、塩を加えて混ぜる。

3 牛肉を加えて全体を馴染ませ、プレーンヨーグルト、赤ワイン、はちみつ、水400mlを加え、強火にする。ひと煮立ちしたら、蓋をして弱火で牛肉がやわらかくなるまで60〜90分煮る。途中水が足りないようなら、適宜足す。

4 でき上がる10分前に水気をきったじゃがいもを加えて火が通るまで煮る。

5 バターを加え、必要であれば塩（分量外）で味を調える。

recipe by Yoshimi Nair

ポテトビーフカレー

やわらかく煮込んだ牛肉と
じゃがいものシンプルな洋風カレー。
男爵、メークインなど、好みのものを使って。

牛すじ肉ギネスカレー

バーでも人気のカレーは
ビールで煮込む、
アイリッシュ料理がヒント。
食べ応えのある男好みの味です。
牛バラ肉を使っても。

材料（4人分）

牛すじ肉	500g
玉ねぎ	大2個
にんにく	1片
しょうが	2片
トマト水煮（ダイス）	200g
カレー粉	大さじ2
塩	小さじ1
スタウトビール	1缶（330mℓ）
トマトジュース	150mℓ
バター	50g
油	大さじ6

下準備

⇒玉ねぎ、にんにく、しょうがは
　みじん切りにする。
⇒牛肉は大きめのひと口大に切る。

作り方

1 鍋に油を中火で熱し、にんにく、しょうがを炒める。

2 青臭さがなくなるまで炒めたら、玉ねぎ、塩少々（分量外）を加えて強めの中火でタヌキ色になるまで炒める。

3 トマト水煮を加え、半量程度になるまで炒めたら、弱火にしてカレー粉、塩を加えてよく炒め合わせる。

4 フライパンを中火で熱し、牛肉の表面を焼きつける。

5 グラスを準備して45度に傾け、スタウトビールを一気に注ぐ。泡の白とビールがくっきりと分かれるまで2分待つ。

6 3の鍋に牛肉、スタウトビール、トマトジュース、水150mℓを加える。強火にしてひと煮立ちしたらアクを取り、蓋をして弱火で60分、肉がやわらかくなるまで煮る。

7 バターを加え、さらに10分煮て、必要であれば塩（分量外）で味を調える。

recipe by Yasuyuki Tomoi

Pork
with Curry Powder

豚肉のグレープフルーツカレー

材料（4人分）

豚肩ロース肉（ブロック）—————500g
マリネ液*
　グレープフルーツ果汁—————50㎖
　にんにくのみじん切り—————3片分
　しょうがのみじん切り—————3片分
　油———————————————大さじ2
　水————————————————適量
トマト——————————————1個
玉ねぎ——————————————1個
青唐辛子—————————————2本
カレー粉—————————————大さじ3
塩————————————————小さじ1
砂糖———————————————小さじ1
ココナッツミルク————————100㎖
白ワイン—————————————100㎖
油————————————————大さじ5

＊鍋に油を中火で熱し、にんにくをキツネ色になるまで炒めて火を止める。粗熱が取れたら、残りの材料とともにミキサーに入れる。途中水を足しながら、ペースト状に攪拌する。

下準備

⇨マリネ液を作り、ひと口大に切った
　豚肉をもみ込んで30分置く。
⇨トマトはヘタを落とし、
　ざく切りにする。
⇨玉ねぎは薄切りにする。
⇨青唐辛子は斜め薄切りにする。

作り方

1 鍋に油を中火で熱し、玉ねぎを炒める。玉ねぎがほんのり色づくまで炒めたら、青唐辛子を加えてキツネ色になるまで炒める。

2 トマトを加えて水分を飛ばすようにさらに炒める。

3 カレー粉、塩、砂糖を加え、炒め合わせる。

4 マリネした豚肉を加えて全体を馴染ませ、ココナッツミルク、白ワイン、水200㎖を加えて強火にする。ひと煮立ちしたら、蓋をして弱火で45分煮る。必要であれば塩（分量外）で味を調える。

recipe by Yoshimi Nair

グレープフルーツの果汁は
豚肉特有の臭みを消しつつ、肉をやわらくする効果も。
好みの部位を使ってもいいですが、煮込み時間は調整を。

豚肉のヨーグルトカレー

仕上げにかけるラー油は、ごま油でも。
これはインド料理の
テンパリングしたオイルをイメージ。
玉ねぎのシャキシャキとした食感も
楽しめる、爽やかなカレーです。

材料（4人分）

豚こま肉	350g
下味	
カレー粉	大さじ2
塩	小さじ1/2
玉ねぎ	1個
にんにく	3片
しょうが	1片
小ねぎ	10本
プレーンヨーグルト（無糖）	300㎖
鶏ガラスープの素（顆粒）	小さじ2
湯	200㎖
塩	小さじ1/2
油	大さじ3
ラー油（またはごま油）	適宜

下準備

⇒下味の材料を合わせ、
　粉気がなくなるまで
　豚肉をもみ込む。
⇒玉ねぎは薄切りにする。
⇒にんにく、しょうがはすりおろす。
⇒小ねぎは2cm幅に切る。

作り方

1 鍋に油を中火で熱し、玉ねぎ、塩を加えて玉ねぎが少ししんなりするまで炒める。

2 水150㎖で溶いたにんにくとしょうがを加え、水分が飛び、薄いキツネ色になるまで炒める。

3 下味をつけた豚肉を加え、色が変わるまで炒める。

4 プレーンヨーグルトを加えてよく絡めながら炒める。湯で溶いた鶏ガラスープの素を加え、蓋をして弱火で10分煮る。

5 小ねぎを加えてさっと混ぜ合わせ、必要であれば塩（分量外）で味を調える。

6 器に盛り、好みでラー油をかける。

recipe by Sakari Ito

スパイス角煮カレー

材料（4人分）

豚バラ肉（ブロック）	800g
カレー粉	大さじ6
玉ねぎ	大1と1/2個
にんにく	2片
しょうが	2片
にんじん	1/2本
トマト水煮（ダイス）	200g
しょうゆ	大さじ2
砂糖	大さじ1
酒	70ml
塩	小さじ1
油	大さじ8

下準備

⇒豚肉は4等分に切り、カレー粉大さじ4をもみ込んで冷蔵庫に3時間以上置く。
⇒玉ねぎ1個はみじん切りにし、残りは粗みじん切りにする。
⇒にんにく、しょうが半分はみじん切り、残りはすりおろす。
⇒にんじんはフードプロセッサーで粗く刻む。

作り方

1 鍋に油大さじ3の油を中火で熱し、みじん切りにしたにんにくとしょうがを炒める。

2 青臭さがなくなるまで炒めたら、みじん切りにした玉ねぎ、塩少々（分量外）を加えて中強火でタヌキ色になるまで炒める。

3 トマト水煮を加え、半量程度になるまで炒めたら、弱火にしてカレー粉大さじ2、塩を加え、よく混ぜながら炒める。

4 フライパンに油大さじ5を中火で熱し、豚肉の表面全体をこんがりと焼きつける。

5 すりおろしたにんにくとしょうが、しょうゆ、砂糖、酒、水500mlを加え、蓋をして弱火で3時間煮る。

6 焼いた豚肉、粗みじん切りにした玉ねぎ、にんじんを加え、蓋をして10分煮る。必要であれば塩（分量外）で味を調える。

recipe by Yasuyuki Tomoi

でき上がる瞬間が楽しみなカレーです。ポイントは気長にじっくり煮込むこと。豚バラ肉が驚くほどやわらかくなります。

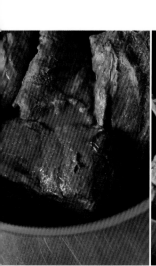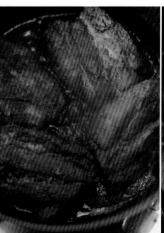

最強ポークカレー

材料（4人分）

豚ヒレ肉（ブロック）	400g
マリネ液	
西京味噌	100g
酒	大さじ1
みりん	大さじ1
砂糖	小さじ2
玉ねぎ	1個
にんにく	1片
しょうが	1片
パクチー	2本
トマト水煮（ダイス）	200g
カレー粉	大さじ2
塩	小さじ1
油	大さじ3

下準備

⇒マリネ液の材料を合わせ、
　ひと口大に切った豚肉を
　もみ込んで冷蔵庫に2〜3晩置く。
⇒玉ねぎは薄切りにする。
⇒にんにく、しょうがはみじん切りにする
⇒パクチーはざく切りにする（パクチーの
　根があればみじん切りにする）。

作り方

1 鍋に油少々（分量外）を中火で熱し、マリネした豚肉の表面全体を焼きつけ、一度取り出す。残ったマリネ液があれば取っておく。

2 同じ鍋に油を中火で熱し、にんにく、しょうが、あればパクチーの根を炒める。にんにくが色づいたら玉ねぎを加え、キツネ色になるまで炒める。

3 トマト水煮を加え、水分がなくなってペースト状になるまで炒めたら弱火にし、カレー粉、塩を加えてよく炒め合わせる。

4 1の豚肉、水300mlを加えてよく混ぜ、蓋をしてときどき混ぜながら中火で30分煮る。残っていれば、マリネ液も加える。

5 パクチーを加えてさっと混ぜ、必要であれば塩（分量外）で味を調える。

recipe by Shimoji....

市販の味噌漬け豚肉を使えば、
さらに手軽に作れる本格レシピ。
お酒のおつまみにもなるカレーです。

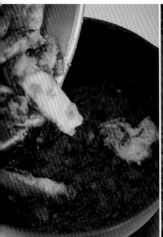
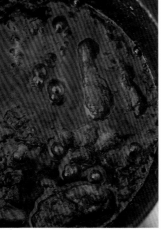

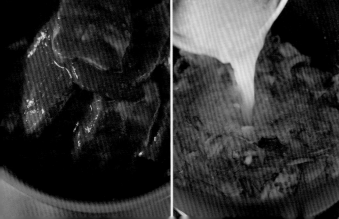

豚肉のビネガーカレー

玉ねぎの食感も少し残したいカレー。
りんご酢のほのかな酸味で、
豚肉もやわらかくなります。
インド版「魯肉飯」をイメージして!

recipe by Sakari Ito

材料（4 人分）

豚バラ肉（焼肉用）	400g
マリネ液	
りんご酢	60㎖
赤ワイン	60㎖
おろしにんにく	2片分
カレー粉	大さじ2
トマトケチャップ	大さじ2
玉ねぎ	1個
にんにく	3片
しょうが	1片
黒糖	小さじ1
塩	小さじ1
油	大さじ3

下準備

⇨マリネ液の材料を合わせ、
　豚肉をもみ込みんで
　冷蔵庫にひと晩置く。
⇨玉ねぎは薄切りにする。
⇨にんにく、しょうがはすりおろす。

作り方

1 鍋に油を中火で熱し、玉ねぎ、塩を加えて深いタヌキ色になるまで炒める。

2 水150㎖で溶いたにんにくとしょうがを加え、玉ねぎを潰しながら水分がなくなるまで炒める。

3 フライパンに油少々（分量外）を弱めの中火で熱し、マリネした豚肉をマリネ液ごと加え、豚肉の油が出てくるまでじっくりと炒める。

4 2の鍋に焼いた豚肉を加えて混ぜる。水350㎖、黒糖を加え、弱火で15分煮る。必要であれば塩（分量外）で味を調える。

アドボポークカレー

豚肉をマリネさえしておけば、あとは焼くだけ。
フォークとナイフでいただく異色のカレーです。
豚肉はひと晩置くと、さらにやわらかくなります。

材料（4人分）

豚肉ロース肉（とんかつ用）────────4枚
マリネ液
　玉ねぎのざく切り────────1/2個分
　にんにくの粗みじん切り──────1片分
　しょうがの粗みじん切り──────1片分
　青唐辛子────────────────1本
　レモンの果肉──────────小1/2個分
　パクチーのざく切り────────100㎖
　オリーブオイル────────大さじ4
　はちみつ─────────────大さじ1
　カレー粉────────────大さじ2
　塩──────────────────小さじ1
ココナッツミルク───────────100㎖
油────────────────────大さじ1

下準備

⇨マリネ液の材料をミキサーに入れ、
　ペースト状に攪拌する。
⇨マリネ液に豚肉をもみ込み、
　常温で30分、
　または冷蔵庫にひと晩置く。

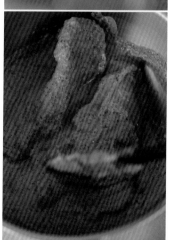

作り方

1 鍋に油を中火で熱し、マリネ液を
ふいた豚肉を片面3分ずつ、軽く
焦げ目ができる程度に焼く。残っ
たマリネ液は取っておく。

2 残ったマリネ液にココナッツミル
クを加えてよく混ぜ、1の鍋に加
える。

3 ひと煮立ちしたら、蓋をして弱火
でとろみが出るまで15分煮る。必
要であれば塩（分量外）で味を調
える。

recipe by Kenta Shima

豚挽き肉のしょうが炒めカレー

シャキシャキしょうがをたっぷりと味わえる
和風のキーマーカレーです。
ねっとりとやわらかいにらもアクセント。

材料（4人分）

豚挽き肉	400g
にら	8本
玉ねぎ	1個
しょうが	80g
にんにく	2片
トマトピューレ	大さじ3
カレー粉	大さじ2
みりん	大さじ1
しょうゆ	大さじ1
塩	小さじ1
油	大さじ3

下準備

⇒にらは3cm幅に切る。
⇒玉ねぎは薄切りにする。
⇒しょうがはせん切りにする。
⇒にんにくはすりおろす。

作り方

1 鍋に油を中火で熱し、玉ねぎ、塩を加えて薄いキツネ色になるまで炒める。

2 にんにくを加え、青臭さがなくなるまで炒めたらトマトピューレを加え、水分がなくなるまで炒める。

3 弱火にしてカレー粉を加え、しっかりと炒め合わせる。

4 フライパンに油少々（分量外）を中火で熱し、挽き肉を焼き色がつくまで炒める。しょうが、にらを加えて混ぜ、さらにみりん、しょうゆを加えてさっと炒め合わせる。

5 3の鍋に4、水150mℓを加える。強火にしてひと煮立ちしたら、蓋をして弱火で3分煮て、必要であれば塩（分量外）で味を調える。

recipe by Sakari Ito

ピーナッツポークキーマカレー

下準備

⇒玉ねぎは粗みじん切りにする。
⇒にんにく、しょうがはみじん切りにする。
⇒ピーナッツはフライパンで香ばしく炒り、
　粗く刻む。

作り方

1 鍋に油を中火で熱し、にんにく、しょうがを炒める。

2 青臭さがなくなったら、玉ねぎ、塩を加えてキツネ色になるまで炒める。

3 プレーンヨーグルト、カレー粉を加えてひと煮立ちさせる。

4 挽き肉を加えて炒め、火が通ったら、水150mℓで溶いたピーナッツバターを加えて混ぜる。ひと煮立ちしたら、弱火で20分煮る。

5 汁気が無くなったら、刻んだピーナッツを加えて混ぜ、必要であれば塩（分量外）で味を調える。汁加減は好みで加減しても。

recipe by Kenta Shima

ピーナッツは
食感とコクを残したいので、
挽き肉に火が通ってから加えます。
マイルドなカレーが好みの方に
おすすめです。

梅と一緒にさっぱりキーマカレー

材料（4人分）

鶏挽き肉	400g
玉ねぎ	大1個
にんにく	1片
しょうが	1片
トマト水煮（ダイス）	200g
カレー粉	大さじ3
だしの素（顆粒）	大さじ1
梅干し	4個
削り節	適量
パセリ（乾燥）	少々
塩	小さじ1
油	大さじ3

下準備

⇒玉ねぎ、にんにく、
しょうがはみじん切りにする。

作り方

1 鍋に油を中火で熱し、にんにく、しょうがを炒める。

2 青臭さがなくなるまで炒めたら、玉ねぎ、塩少々（分量外）加えて強めの中火でタヌキ色になるまで炒める。

3 トマト水煮を加えて半量程度になるまで炒める。弱火にしてカレー粉大さじ1、塩を加えてよく炒め合わせる。

4 フライパンを中火で熱し、挽き肉を炒める。しっかりと火が通ったら、弱火にしてカレー粉大さじ2を加え、5分炒める。

5 3の鍋に4、水200mℓ、だしの素を加え、弱火で10分煮る。必要であれば塩（分量外）で味を調え、梅干しをのせて削り節、パセリをふる。

recipe by Yasuyuki Tomoi

鶏挽き肉でさっぱりとした味わいのカレーは
梅干しと削り節で和風に仕上げます。
肉汁にカレー粉を吸い込ませるのがコツ。

ポルチーニビーフキーマカレー

recipe by Kenta Shima

ポルチーニ茸の香りが牛挽き肉によく合います。
戻し汁はゴミが入っていることがあるので、
ザルで丁寧に漉すことが大切です。

材料（4人分）

牛粗挽き肉	500g
ポルチーニ茸（乾燥）	10g
玉ねぎのみじん切り	大さじ1
にんにくのみじん切り	大1片分
しょうがのみじん切り	1片分
トマト水煮（ダイス）	200g
トマトケチャップ	大さじ1
カレー粉	大さじ2
赤ワイン	50mℓ
しょうゆ	小さじ2
塩	小さじ1と1/2
油	大さじ3

下準備

⇨ ポルチーニ茸は
ぬるま湯150mℓで20分戻す。
⇨ 戻し汁とポルチーニ茸を分け、
ポルチーニ茸は刻み、
戻し汁はザルで漉す。

作り方

1 鍋に油を中火で熱し、にんにく、しょうがを炒める。

2 青臭さがなくなったら玉ねぎ、塩を加え、玉ねぎがキツネ色になるまで炒める。

3 トマト水煮、トマトケチャップ、カレー粉を加え、ひと煮立ちさせる。

4 挽き肉とポルチーニ茸を加え、炒め合わせながら挽き肉に火を通す。

5 ポルチーニ茸の戻し汁、赤ワイン、しょうゆを加える。ひと煮立ちしたら弱火にし、汁気が半量程度になり、とろみが出るまで20分煮る。必要であれば塩（分量外）で味を調える。汁加減は好みで加減しても。

牛挽き肉とレーズンのドライカレー

スパイシーな挽き肉にレーズンの甘み、
玉ねぎの辛さ、チーズのコクを合わせます。
焼いた食パンにのせても美味しい！

材料（4人分）

牛挽き肉	400g
レーズン	80g
玉ねぎ	1個
紫玉ねぎ	1/4個
にんにく	3片
トマト水煮（ホール）	150g（トマト約2個分）
カレー粉	大さじ2
赤ワイン	60mℓ
粉チーズ	大さじ2
レモン果汁	大さじ1
塩	小さじ1
油	大さじ3
らっきょう	適宜

下準備

⇒玉ねぎ、紫玉ねぎは薄切りにする。
⇒にんにくはすりおろす。

作り方

1 鍋に油を中火で熱し、玉ねぎ、塩を加えてタヌキ色なるまで炒める。

2 にんにくを加え、青臭さがなくなるまで炒める。

3 トマト水煮を加え、潰しながら水分がなくなるまで炒める。

4 弱火にしてカレー粉を加え、しっかりと炒め合わせたら、挽き肉を加えてほぐしながら完全に色が変わるまで炒める。

5 赤ワイン、水100mℓを加えて強火にし、アルコールを飛ばしたらレーズンを加え、かき混ぜながら水分が飛ぶまで煮る。

6 粉チーズ、レモン果汁、紫玉ねぎを加えてさっと混ぜ、必要であれば塩（分量外）で味を調える。好みでらっきょうを添える。

recipe by Sakari Ito

材料（4人分）

材料	分量
牛挽き肉	300g
パプリカ（赤）	1個
トマト	1個
玉ねぎ	1個
にんにく	3片
しょうが	2片
カレー粉	大さじ3
塩	小さじ1
プレーンヨーグルト（無糖）	大さじ4
油	大さじ5
パクチー	適宜

下準備

⇒パプリカはヘタと種を取り、さいの目切りにする。
⇒トマトはヘタを落とし、ざく切りにする。
⇒玉ねぎはみじん切りにする。
⇒にんにく、しょうがはみじん切りにする。

作り方

1 鍋に油を中火で熱し、玉ねぎを炒める。

2 玉ねぎがほんのり色づいてきたらにんにく、しょうがを加えてキツネ色になるまで炒める。

3 トマトを加え、形が崩れてペースト状になるまで潰しながら炒める。

4 カレー粉、塩を加えてさっと混ぜ、挽き肉を加えて炒め合わせる。

5 挽き肉がほんのり色づいたら、プレーンヨーグルト、水300㎖、パプリカを加えて強火にする。ひと煮立ちしたら、蓋をして弱火で10分煮て、必要であれば塩（分量外）で味を調える。好みでみじん切りにしたパクチーをふる。

recipe by Yoshimi Nair

パプリカキーマカレー

パプリカの甘みと食感を楽しみたいので、最後に加えて軽く煮るのがコツ。
シンプルな具材ながら本格的な味が楽しめます。

ミックスベジタブルカレー

材料（4人分）

なす	大1本
にんじん	1/2本
オクラ	10本
玉ねぎ	1個
青唐辛子	2本
にんにく	3片
しょうが	2片
トマトピューレ	150㎖
カレー粉	大さじ3
塩	小さじ1
ココナッツミルク	300㎖
レモン果汁	小さじ2
油	大さじ4

下準備

⇨なす、にんじんは
　3cm長さの拍子木切りにする。
⇨オクラは3cm幅に切る。
⇨玉ねぎ、青唐辛子はみじん切りにする。
⇨にんにく、しょうがはすりおろす。

作り方

1 鍋に油を中火で熱し、玉ねぎを炒める。玉ねぎがしんなりしてきたら、にんにく、しょうが、青唐辛子を加え、薄いキツネ色になるまで炒める。

2 トマトピューレを加えてさっと炒め合わせ、カレー粉、塩を加えて炒め合わせる。

3 ココナッツミルク、水200㎖、レモン果汁、にんじんを加え、強火にする。ひと煮立ちしたら、蓋をして弱火で5分煮る。

4 なす、オクラを加え、さらに10分蓋をして野菜がやわらかくなるまで煮る。必要であれば塩（分量外）で味を調える。

recipe by Yoshimi Nair

食欲がないときのおすすめカレー。
夏野菜が合うので、
好みのものをミックスしても。

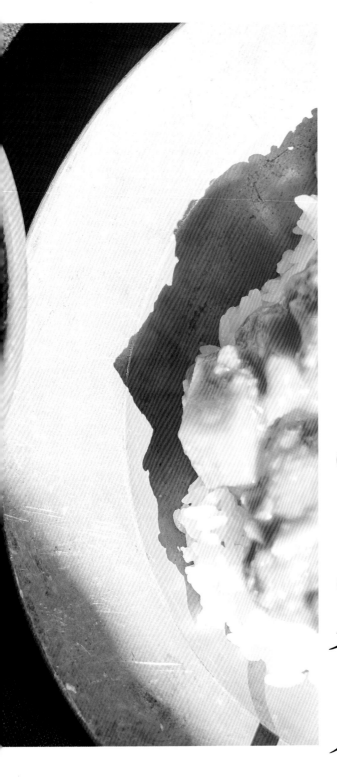

にんじんダールカレー

材料（4人分）

ムングダール	100g
にんじん	1/2本
トマト	1個
玉ねぎ	1個
にんにく	1片
しょうが	1片
青唐辛子	2本
カレー粉	大さじ3
塩	小さじ1
ココナッツミルク	100mℓ
レモン果汁	小さじ1
油	大さじ4
パクチー	適宜

下準備

⇒ムングダールはよく洗い、
　水1ℓを沸かしてムングダールが
　とろとろにやわらかくなるまで茹でる。
⇒にんじんは皮をむき、
　1〜2cmの角切りにする。
⇒トマトはヘタを落とし、ざく切りにする。
⇒玉ねぎ、にんにく、しょうが、
　青唐辛子はみじん切りにする。

作り方

1 鍋に油を中火で熱し、玉ねぎを炒める。玉ねぎが薄く色づいたら、にんにく、しょうが、青唐辛子を加えて玉ねぎがキツネ色になるまで炒める。

2 トマトを加え、水分を飛ばすように潰しながら炒め、にんじん、カレー粉、塩を加えてさっと炒め合わせる。

3 ココナッツミルク、水100mℓを加えたら強火にする。ひと煮立ちしたら、蓋をして弱火で10分煮る。

4 とろとろに茹でたムングダール、レモン果汁を加え、必要であれば塩（分量外）で味を調える。好みでみじん切りにしたパクチーをふる。

トロトロに煮込んだムングダールがポイント。
にんじんは、色み、食感、旨みになります。
好みの旬の野菜に代えても美味しく作れます。

recipe by Yoshimi Nair

モッツァレラチーズのハーブソースカレー

材料（4人分）

モッツァレラチーズ（ひと口サイズ）········320g
ハーブソース
　ミントのざく切り················1パック分
　パクチーのざく切り···············6株分
　ディルのざく切り················2本分
　青唐辛子ざく切り················2本分
　バジルの葉···················12枚
　水······················100㎖
玉ねぎ·······················1個
にんにく······················5片
しょうが······················3片
カレー粉····················大さじ1
ココナッツミルク·················100㎖
メープルシロップ················大さじ2
レモン果汁···················大さじ1
塩······················小さじ1
油······················大さじ4

下準備

⇨ハーブソースの材料をミキサーに入れ、
　ペースト状に攪拌する。
⇨玉ねぎは薄切りにする。
⇨にんにく、しょうがはすりおろす。

作り方

1 鍋に油を中火で熱し、玉ねぎ、塩を加えて薄いキツネ色になるまで炒める。

2 水150㎖で溶いたにんにくとしょうがを加え、玉ねぎを潰しながら水分がなくなるまで炒める。

3 弱火にしてカレー粉を加え、しっかりと炒め合わせる。

4 ハーブソース、水150㎖を加えて強火にし、ひと煮立ちさせる。

5 ココナッツミルクを加え、弱めの中火で5分煮る。

6 メープルシロップ、レモン果汁を加えて混ぜる。仕上げにモッツァレラチーズを加え、必要であれば塩（分量外）で味を調える。

recipe by Sakari Ito

ハーブを使う分、カレー粉は少なめに。
仕上げのチーズが溶けたら、でき上がりのサインです。

大根とトマトの和風だしカレー

材料（4人分）

大根	400g（1/4〜1/2本程度）
ミニトマト	12個
玉ねぎ	1個
にんにく	3片
しょうが	1片
トマトピューレ	大さじ1
プレーンヨーグルト（無糖）	大さじ2
カレー粉	大さじ2
だしの素（顆粒）	小さじ2
湯	300㎖
塩	小さじ1
油	大さじ3
オリーブオイル	大さじ2

下準備

⇒大根の皮をむき、
　2cm幅のいちょう切りにする。
　たっぷりの湯で下茹でし、
　水気をきっておく。
⇒ミニトマトはヘタを取る。
⇒玉ねぎは薄切りにする。
⇒にんにく、しょうがはすりおろす。

作り方

1 鍋に油を中火で熱し、玉ねぎ、塩を加えて焼き色がつくまで炒める。

2 水100㎖で溶いたにんにくとしょうがを加え、玉ねぎを潰しながら水分を飛ばすようにタヌキ色になるまで炒める。

3 トマトピューレ、プレーンヨーグルトを加えて炒め合わせたら、カレー粉を加え、よく混ぜながら1〜2分炒める。

4 湯で溶いただしの素、下茹でした大根を加える。強火にしてひと煮立ちしたら、弱火で5〜10分、大根が好みのやわらかさになる少し手前まで煮る。

5 ミニトマトを加えてさらに2分煮る。仕上げにオリーブオイルを加えて火を止め、必要であれば塩（分量外）で味を調える。

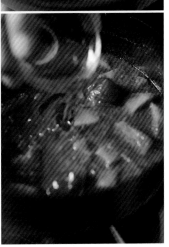

大根はスプーンで簡単に割れるほど、
やわらかく煮るのが、番長スタイルです。
トマトの酸味と旨みがだしとも好相性。
オリーブオイルは仕上げに加え、
香りとコクをプラスします。

recipe by Sakari Ito

材料（4人分）

木綿豆腐	1丁
玉ねぎ	1個
にんにく	2片
しょうが	1片
青唐辛子	3本
パクチー	適量
赤唐辛子	5本
カレー粉	大さじ3
塩	小さじ1
砂糖	小さじ1
鶏ガラスープの素（顆粒）	小さじ2
トマトピューレ	大さじ4
ココナッツミルク	200㎖
プレーンヨーグルト（無糖）	100㎖
油	大さじ3

下準備

⇨木綿豆腐は水をきっておく。
⇨玉ねぎは薄切りにする。
⇨にんにく、しょうがはせん切りにする。
⇨青唐辛子は斜め薄切りにする。
⇨パクチーはざく切りにする。

作り方

1 鍋に油を中火で熱し、赤唐辛子を炒める。色が変わったら、玉ねぎを加えてしんなりとするまで炒める。

2 にんにく、しょうが、青唐辛子を加え、タヌキ色になるまで炒める。

3 カレー粉、塩、砂糖、水適量を加えて馴染ませながらスパイスの香りを立たせる。

4 鶏ガラスープの素、トマトピューレ、ココナッツミルク、プレーンヨーグルト、水50㎖を加えて5分煮る。

5 水気をきった木綿豆腐を手で崩しながら加え、10分煮る。パクチーを加えてさっと混ぜ、必要であれば塩（分量外）で味を調える。

recipe by Bonjour Ishii

豆腐キーマカレー

豆腐を挽き肉に見立てたヘルシーカレー。
スパイシーでさっぱりとした
女性好みの味です。
好みで生のパクチーを添えるのもあり。

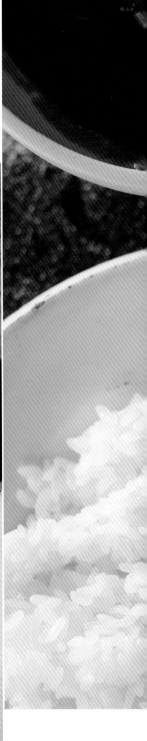

エッグパプリカカレー

ココナッツの香りと青唐辛子の辛み、
そして茹で卵の絶妙なハーモニー。
卵を割ってカレーに絡めながら楽しんで。

材料（4人分）

茹で卵（固めに茹でたもの）	4個
パプリカ（赤）	1/2個
玉ねぎ	1個
にんにく	2片
しょうが	1片
青唐辛子	3本
赤唐辛子	5本
カレー粉	大さじ2
トマトピューレ	大さじ4
塩	小さじ1
砂糖	小さじ1/2
ココナッツミルク	200ml
ココナッツオイル（または油）	大さじ3
パクチー	適量

下準備

⇒茹で卵は殻をむき、
　縦に数か所切り込みを入れる。
⇒パプリカはヘタと種を取り、
　薄切りにする。
⇒玉ねぎは薄切りにする。
⇒にんにく、しょうがはせん切りにする。
⇒青唐辛子は斜め薄切りにする。
⇒パクチーはざく切りにする。

作り方

1 鍋にココナッツオイルを中火で熱し、赤唐辛子を炒める。色が変わったら玉ねぎを加え、しんなりとするまで炒める。

2 にんにく、しょうが、青唐辛子を加え、タヌキ色になるまで炒める。

3 カレー粉、水100mlを加えて混ぜながらスパイスの香りを立たせる。

4 トマトピューレ、塩、砂糖を加えて混ぜ、ココナッツミルク、水50mlを加える。

5 茹で卵を加えて5〜7分煮て、パプリカを加えてひと混ぜする。必要であれば塩（分量外）で味を調え、パクチーを添える。

recipe by Bonjour Ishii

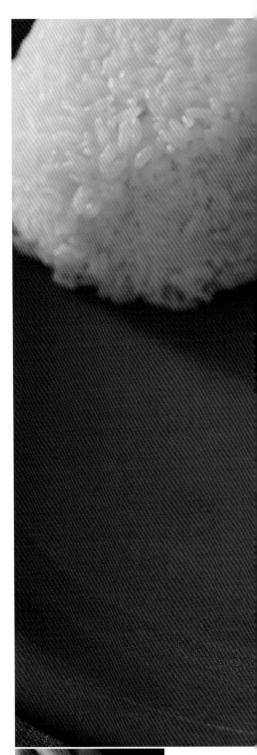

Seafood with Curry Powder

材料（4人分）

海老（殻なし・大きめのもの）――300g
玉ねぎ――1個
にんにく――3片
しょうが――1片
ミント――1パック
粒マスタード――大さじ3
プレーンヨーグルト（無糖）――大さじ3
カレー粉――大さじ2
ココナッツミルク――300㎖
レモン果汁――大さじ1
塩――小さじ1
油――大さじ3

下準備

⇨玉ねぎは薄切りにする。
⇨にんにく、しょうがはすりおろす。

作り方

1 鍋に油を中火で熱し、玉ねぎ、塩を加えて薄いキツネ色になるまで炒める。

2 水150㎖で溶いたにんにくとしょうがを加え、玉ねぎを潰しながら水分がなくなるまで炒める。

3 粒マスタード、プレーンヨーグルト、カレー粉を加え、水分がなくなるまで炒める。

4 ココナッツミルク、水50㎖を加えて強火にする。ひと煮立ちしたら海老を加え、弱めの中火で3分煮て、ミントとレモン果汁を加えてひと混ぜする。必要であれば塩（分量外）で味を調える。

recipe by Sakari Ito

海老とミントの粒マスタードココナッツカレー

このカレーにはミントの香りがよく合います。
海老はプリプリに仕上げたいので、
最後に加えてさっと火を通す程度がベスト。

海老とそら豆のヨーグルトカレー

冷凍の海老とそら豆でいつでも作れるのが嬉しい。
イメージはカレー粉で作るアジアンカレー！
ポイントは水を使わずに、濃厚に仕上げること。

材料（4人分）

冷凍海老（殻なし）	大 15 尾
冷凍そら豆	20 粒
玉ねぎ	1 個
にんにくのみじん切り	大さじ 1
しょうがのみじん切り	大さじ 1
青唐辛子のみじん切り	1 本分
A	
プレーンヨーグルト（無糖）	300g
カレー粉	大さじ 1 と 1/2
生クリーム	50㎖
塩	小さじ 1
バター	15g
油	大さじ 1

下準備

⇨海老は解凍して水気をふく。
⇨そら豆は解凍し、薄皮をむく。
⇨玉ねぎは 1.5cm 幅のくし形切りにする。
⇨ A は合わせておく。

作り方

1 鍋にバター、油を中火で熱し、にんにく、しょうが、青唐辛子を炒める。

2 青臭さがなくなったら玉ねぎ、塩を加え、玉ねぎが薄いキツネ色になるまで炒める。

3 合わせた A を加える。ひと煮立ちしたら海老を加えて蓋をし、弱火で10分煮る。

4 とろみが出てきたら生クリームとそら豆を加え、さらにひと煮立ちさせて必要であれば塩（分量外）で味を調える。

recipe by Kenta Shima

材料（4人分）

鯖水煮	2缶
※水煮でも味噌煮でもOK。	
玉ねぎ	1個
にんにく	1片
しょうが	2片
パクチー	2本
トマト水煮（ダイス）	200g
カレー粉	大さじ2
塩	小さじ1
油	大さじ3
レモン	適量

下準備

⇨玉ねぎは薄切りにする。

⇨にんにくはみじん切りにする。

⇨しょうがはせん切りにする。

⇨パクチーはざく切りにする（パクチーは根があれば、みじん切りにする）。

作り方

1 鍋に油を中火で熱し、にんにく、しょうが1片分、あればパクチーの根を炒める。にんにくが色づくまで炒めたら、玉ねぎを加えてキツネ色になるまで炒める。

2 トマト水煮を加え、水分がなくなってペースト状になるまで炒める。

3 弱火にし、カレー粉、塩を加えてよく混ぜ、鯖水煮を汁ごと加える。鯖を崩しながら混ぜ、水400㎖を加え、蓋をして20分煮る。

4 残りのしょうが1片分を加えてさっと混ぜる。必要であれば塩（分量外）で味を調え、レモン、パクチーを添える。

recipe by Shimoji...

鯖缶カレー

カレーが食べたい！
でも簡単に本格的に、すぐに作りたい！
そんなときの救世主的レシピです。
レモンとパクチーがなかったら、それはそれで大丈夫。

ココナッツフィッシュカレー

だしが出る鯵を使いましたが、
青魚なら好みのもので。
肉崩れしやいので、魚を加えたら
かき回さずに鍋を揺らして混ぜてください。

材料（4人分）

鯵の三枚おろし（または鯖、鰯など）
                                大2尾分
トマト ························· 1個
玉ねぎ ························· 1個
にんにく ······················ 4片
しょうが ······················ 3片
青唐辛子 ······················ 3本
カレー粉 ···················· 大さじ3
塩 ························· 小さじ1
ココナッツミルク ············· 200㎖
酢 ························· 大さじ1
油 ························· 大さじ5
パクチー ······················ 適宜

下準備

⇨トマトはヘタを落とし、ざく切りにする。
⇨玉ねぎは薄切りにする。
⇨にんにく、しょうがはせん切りにする。
⇨青唐辛子は斜め薄切りにする。
⇨鯵は食べやすい大きさにそぎ切りにする。

作り方

1 鍋に油を中火で熱し、玉ねぎを炒める。玉ねぎが薄いキツネ色になったら、にんにく、しょうが、青唐辛子を炒める。

2 トマトを加えて形が崩れるまで炒めたら、カレー粉、塩を加えて30秒炒める。

3 ココナッツミルク、水300㎖、酢を加えて強火にする。ひと煮立ちしたら、蓋をして弱火で10分煮る。

4 鯵を加えて中火にして再度蓋をし、たまに鍋を揺らすようにして混ぜながら鯵に火を通す。

5 必要であれば塩（分量外）で味を調え、好みでざく切りにしたパクチーを添える。

recipe by Yoshimi Nair

材料（4人分）

ブリ（切り身）	4切れ
トマト	1個
玉ねぎ	1個
にんにく	4片
しょうが	3片
青唐辛子	3本
トマトピューレ	100㎖
カレー粉	大さじ3
塩	小さじ1
酢	小さじ2
油	大さじ6

下準備

⇒トマトはヘタを落とし、ざく切りにする。
⇒玉ねぎは薄切りにする。
⇒にんにく、しょうがはせん切りにする。
⇒青唐辛子は斜め薄切りにする。
⇒ブリはひと口大に切る。

作り方

1 鍋に油を中火で熱し、玉ねぎを炒める。

2 玉ねぎがキツネ色に色づいたら、にんにく、しょうが、青唐辛子を加えて炒める。

3 トマトを加え、形が崩れるまで炒めたらトマトピューレを加え、炒め合わせる。

4 カレー粉、塩、水500㎖、酢を加えて強火にする。ひと煮立ちしたら、蓋をして弱火で10分煮る。

5 ブリを加えて中火にし、再度蓋をし、たまに鍋を揺らすようにして混ぜながらブリに火を通す。必要であれば塩（分量外）で味を調える。

recipe by Yoshimi Nair

トマトフィッシュカレー

トマトと仕上げに加える酢の酸味がポイント。
ご飯によく合うさっぱりとしたフィッシュカレーです。
魚は鯖、鮭など、好みの切り身を使って大丈夫！

100

イカレモンカレー

タイをイメージしたカレーです。
イカをマリネしておけば、すぐに作れるスピードレシピ。
たっぷりとレモンを搾っていただきます。

材料（4人分）

冷凍イカ	400g
マリネ液	
白ワイン	100mℓ
カレー粉	大さじ1
塩	小さじ1
胡椒	小さじ2
パプリカ（赤）	1個
玉ねぎ	1個
にんにく	2片
しょうが	2片
パクチー	適量
カレー粉	大さじ2
塩	小さじ2
トマト水煮（ダイス）	200g
ココナッツミルク	400mℓ
ナンプラー	小さじ4
しょうゆ	小さじ2
レモン果汁	1/2個分
オリーブオイル	大さじ4

下準備

⇒マリネ液の材料を合わせ、
　解凍して水気をふいたイカをもみ込み、
　冷蔵庫に3時間置く。
⇒パプリカはヘタと種を取り、
　さいの目切りにする。
⇒玉ねぎは薄切りにする。
⇒にんにく、しょうがはみじん切りにする。
⇒パクチーはざく切りにする。

作り方

1 鍋にオリーブオイルを中火で熱し、にんにく、しょうがを香りが立つまで炒める。

2 玉ねぎを加えてキツネ色になるまで炒め、トマト水煮を加えて水分を飛ばすように炒める。

3 水分が飛んだら、カレー粉、塩を加えてよく炒め合わせる。

4 マリネしたイカをマリネ液ごと加え、さっと混ぜたら水200mℓを加えて5分煮る。

5 ココナッツミルクを加えて強火にする。ひと煮立ちしたら、ナンプラー、しょうゆを加えて混ぜる。パプリカとパクチーを加えてさっと混ぜ、火を止める。

6 レモン果汁を加え、必要であれば塩、ナンプラー（ともに分量外）で味を調え、レモン（分量外）を添える。

recipe by Tanno

バターシーフードカレー

バターをたっぷり使った優しいカレーは、
パンに合わせても美味しい洋風仕立てです。
貝類が入っていないシーフードミックスがおすすめ。

材料（4人分）

冷凍シーフードミックス	600g
玉ねぎ	2個
にんにく	1片
しょうが	1片
トマト水煮（ダイス）	800g
牛乳	200mℓ
プレーンヨーグルト（無糖）	大さじ3
カレー粉	大さじ2
塩	小さじ2
胡椒	小さじ1/2
バター	70g

下準備

⇨ シーフードミックスは解凍し、
　水気をふいておく。
⇨ 玉ねぎはみじん切りにする。
⇨ にんにく、しょうがはせん切りにする。

作り方

1 フライパンにバター20gを中火で熱し、シーフードミックスを炒める。あらかた火が通ったら、塩小さじ1、胡椒を加えて炒め合わせて火を止める。

2 鍋にバター20gを中火で熱し、玉ねぎ、にんにく、しょうがを加え、玉ねぎが薄いキツネ色になるまで炒める。

3 2にトマト水煮を加え、水分を飛ばすように炒めたら、カレー粉、塩小さじ1を加えてよく炒め合わせる。

4 1、牛乳、水400mℓ、バター10gを加え、さらに10分煮る。

5 火を止めてプレーンヨーグルト、バター20gを加え、弱火にして5分煮る。必要であれば塩（分量外）で味を調える。

recipe by Wara

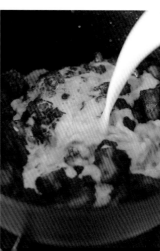

マイカレー粉で本格スパイスカレーをさらにマニアックに楽しむ！

My Curry Powder

カレー番長たちのオリジナルブレンドカレー粉を紹介。
好きな食材、香り、辛さを楽しむ道しるべに。

Jinsuke Mizuno

コリアンダーシード	小さじ3
クミンシード	小さじ2
ターメリック	小さじ1
パプリカ	小さじ1
ブラックペッパー	小さじ1/2
レッドチリ	小さじ1/2

My spices: スタンダードな香り。香ばしく、深みを感じやすいパプリカとレッドチリを強めにブレンド。
Ingredient Pairings: 魚介、鶏肉などすべての食材に合います。
What is curry for you: 自分の向かう先を教えてくれる存在。
Profile: AIR SPICE代表。1999年以来、カレー専門の出張料理人として全国各地で活動。「カレーの教科書」（NHK出版）、「わたしだけのおいしいカレーを作るために」（PIE International）など著書は50冊以上。

Sakari Ito

コリアンダーシード	小さじ3
クミンシード	小さじ2
レッドチリ	小さじ1
ターメリック	小さじ2/3
カルダモン	小さじ1/3
クローブ	小さじ1/3
パプリカ	小さじ1/3
シナモン	小さじ1/6
フェヌグリークシード	小さじ1/6

My spices: 肉に合うように奥深い香りを加えつつ、基本となるコリアンダーシード、クミンシード、レッドチリ、ターメリックをバランスよく配合。
Ingredient Pairings: 肉ならなんでも！
What is curry for you: カレーとは落語である！
Profile: 出張カレー料理人。得意技はカレーライブクッキング。全国各地のイベントやパーティーにオリジナルカレーをお届けする「出張カリ～」は1000回を優に超え、作ったカレーは3000種類以上。

Yoshimi Nair

コリアンダーシード	小さじ3
クミンシード	小さじ2
ターメリック	小さじ2
ガラムマサラ	小さじ1と1/2
クローブ	小さじ1/2
フェヌグリークシード	小さじ1/2
レッドチリ	小さじ1/2
ナツメグ	小さじ1/4

My spices: これさえあればほかのスパイスはいらないってくらいの完成度。おうちカレーが簡単にお店の味になるように特に使いやすさを重視。カレー粉はパウダー状のスパイスなので、軽く炒めて香りをしっかりと蘇らせてください。立ち込めるその香りに、スパイスひとつひとつの主張がこだましています。
Ingredient Pairings: 万能なコリアンダーシードを軸に配合しているので基本的には何にでも合いますが、ガラムマサラとナツメグが余韻にインパクトを残してくれます。エキゾチックな香りなので、ぜひとも野性的な肉に合わせていただきたい。
What is curry for you: Be the best CURRY. 今日よりも明日、もっと美味しいカレーに！
Profile: インド料理シェフ界一のマッチョでありながら、ソムリエの資格も合わせ持つ繊細な一面も。まさに気は優しくて力持ちなイケメンシェフ。鍋をふって鍛えられた上腕三頭筋に、銀座マダムたちの視線が集まっている。

Yasuyuki Tomoi

コリアンダーシード	小さじ3
クミンシード	小さじ1と1/2
ターメリック	小さじ1と1/2
クローブ	小さじ1
ホワイトペッパー	小さじ1/2
レッドチリ	小さじ1/2

My spices: オーソドックスななかにもほどよい違和感を。実はカレーを作り始めた頃の配合を今も大事にしています。
Ingredient Pairings: どんな食材に合わせても計算できる信頼感があります。
What is curry for you: 恩人。
Profile: バーテンダー主任。GUINNESSと薬草酒をこよなく愛する。出張バーテンダーとしての活動を経て、2007年「bar noi」をOPEN。苦旨なお酒で夜な夜な訪れる人を幸せにする。

Kenta Shima

クミンシード	小さじ2
コリアンダーシード	小さじ2
ターメリック	小さじ1
レッドチリ	小さじ1
カルダモン	小さじ1/2
ブラックペッパー	小さじ1/4
マジョラム	小さじ1/4
フェヌグリークシード	小さじ1/5

My spices: マジョラムを配合したことでカレーだけでなく、料理全般に使えるように配合してます。
Ingredient Pairings: おすすめはココナッツ系と豆系のカレー。爽やかさと甘みはクセのある肉や魚料理の味も引き立たせます。
What is curry for you: 僕にとって商売を支えた恩人。
Profile: 日本初の揚げ立てカレーパンスタイルを開発したパン界切っての奇才！ スパイスカレーとパン生地を操る三茶が生んだイケメンシェフ！

Bonjour Ishii

コリアンダーシード	小さじ3
クミンシード	小さじ2
カルダモン	小さじ1
ターメリック	小さじ1
レッドチリ	小さじ1

My spices: コリアンダーシードを炒って深みを持たせ、カルダモンの爽やかさをプラスした、万能なカレー粉！
Ingredient Pairings: 炒ったコリアンダーシードの深みとカルダモンの爽やかさが"surf & turf"なメニューにぴったり！
What is curry for you: ボクにとってのカレーとは、楽しい遊び道具。
Profile: 疲れを知らない子どものようなお祭り主任、ボンジュール・イシイは子どもに媚びないカレーを作り続ける、パーリーピーポー！

Shimoji…

コリアンダーシード	小さじ2と1/2
カルダモン	小さじ1
クミンシード	小さじ1
ターメリック	小さじ1
パプリカ	小さじ1
シナモン	小さじ1/2
ブラックペッパー	小さじ1/2
レッドチリ	小さじ1/2

My spices: オーソドックスな配合にカルダモンの爽やかさを加えています。
Ingredient Pairings: 作る人が使いたい食材。
What is curry for you: 出会いと老後の楽しみを与えてくれた存在。
Profile: ワーゲン主任。海と日本酒とワーゲンを愛するしがないオヤジ（実はラテン系）。

Tanno

クミンシード	小さじ2
コリアンダーシード	小さじ2
カルダモン	小さじ1
フェヌグリークシード	小さじ1
フェヌグリークリーフ	小さじ1
ブラックペッパー	小さじ1/4
レッドチリ	小さじ1/4

My spices: 爽やかな香りで、食材の生臭さを抑えるブレンド。
Ingredient Pairings: 魚介系、特に白身魚系を使うときにおすすめ。
What is curry for you: 友達の輪。
Profile: 東京カリ～番長のムービー主任ではあるが、最近は「Apple Podcast M響アワー」などの音声の収録、編集が多かったりする。

Wara

クミンシード	小さじ2
コリアンダーシード	小さじ2
ガーリック	小さじ1
ターメリック	小さじ1
ジンジャー	小さじ1/2
レッドチリ	小さじ1/2

My spices: どちらかといえば和風。食欲を刺激するガーリック、ジンジャーがポイント。
Ingredient Pairings: シーフードはもちろん、肉にも。
What is curry for you: 最高のエンターテイメント。
Profile: 東京カリ～番長のDJ主任。Asayake Productionとして楽曲もリリース中。音楽とカレーの融合を探求中のプロレスおたく。

Osho

カルダモン	小さじ2
クミンシード	小さじ1
コリアンダーシード	小さじ1
ターメリック	小さじ1
パプリカ	小さじ1/2
ジンジャー	小さじ1/3
ブラックペッパー	小さじ1/3
ホワイトペッパー	小さじ1/3
シナモン	小さじ1/4

My spices: お子さんにも！ ペッパーとシナモンを少し入れ、辛くはないけど少し刺激を感じる配合に。
Ingredient Pairings: 大きめに切った野菜（カリフラワー、なす、トマト、パプリカど）やベーコンでどうぞ。子どもと一緒に作ってみてください。
What is curry for you: ご飯に合う最高のおとも。
Profile: 鍋とカセットコンロがあれば、どこでもカレーに合うご飯を炊けるってことで炊飯主任になってます。最近は……、炊飯器と電源があればどこでも炊けます！

闇カレー

Bonus Recipe

好みのカレーは見つかりましたか？
闇カレーは、カリ〜番長たちが使った残りの材料で作った即興カレー。
魚介も肉も入った水野オリジナル、ハイスペックレシピです。
スタッフも大興奮！
ぜひ家の冷蔵庫の残り食材でお試しを！

Bonus Recipe

材料（5〜6人分）

冷蔵庫にある魚介や肉（海老、鶏肉、
　豚こま肉、挽き肉など合わせて）……700g
残った野菜（かぶなど）……………………100g
玉ねぎ……………………………………1/2個
しょうが……………………………………1片
パクチーの根…………………………3株分
残ったハーブ
　（青唐辛子、しし唐辛子、パクチー、
　　ディル、ミントなど）……………あるだけ
カレー粉……………………………………大さじ3
トマトピューレ………………………大さじ4
プレーンヨーグルト（無糖）………大さじ3
ナンプラー…………………………………小さじ1
砂糖…………………………………………小さじ1
油……………………………………………大さじ3

下準備

⇒残った野菜はひと口大に切る。
⇒玉ねぎ、しょうが、パクチーの根は
　みじん切りにする。
⇒残ったハーブは粗みじん切りにする。

作り方

1 鍋に油を中火で熱し、玉ねぎをか
なり濃いタヌキ色になるまでじっ
くり炒める。

2 しょうが、パクチーの根を加え、
香りが立つまで炒める。

3 カレー粉を加え、焦げる手前ギリ
ギリまで炒める。

4 トマトピューレ、プレーンヨーグル
トを加え、水分が飛ぶまで炒める。

5 魚介や肉を加えて炒め合わせ、あ
らかた火が通ったら、野菜、水
350㎖を加えて強火にする。ひと
煮立ちしたら、ナンプラー、砂糖
を加える。ひと混ぜし、蓋をして
弱火で30分煮る。ハーブを加え、
さらに5分煮る。必要であれば塩
（分量外）で味を調える。

recipe by Jinsuke Mizuno

Author's note

おわりに

スパイスを手にカレーをライブクッキングするだけで、
日本全国を飛びまわることができる。
まるでアーティストのツアーのように。
現地で見つけた食材を使って、
そこに集まってくれるお客さんたちと出会えば、
新しいカレーは次々と生み出せる。

だから、二度と同じカレーは作らない。

東京カリ〜番長という出張料理集団は、
20年間、そんなふうに楽しく活動してきました。
2000種類以上のカレーは作ってきたかな。
いや、もっと多いかも。
そんな東京カリ〜番長の頼もしいメンバーたちが、
自慢のレシピを披露してくれました。
素敵な一冊にまとまったから、
これを手にまた全国各地を巡ることでしょう。

だってカレーはコミュニケーションツールですから。

水野仁輔

監修 水野仁輔　*Jinsuke Mizuno*

AIR SPICE 代表。1999 年以来、カレー専門の出張料理人として全国各地で活動。「カレーの教科書」(NHK出版)、「わたしだけのおいしいカレーを作るために」(PIE International) など著書は 50 冊以上。「カレーの学校」で講師を務めている。現在は、本格カレーのレシピつきスパイスセットを定期頒布するサービス「AIR SPICE」を運営中。

著者代表 伊東 盛　*Sakari Ito*

「東京カリ～番長」のリーダー。2002 年「東京カリ～番長」リーダートーナメント戦で優勝し、リーダーに就任。雑誌やウエブのレシピ監修、メディア出演、商品開発など、幅広く活躍。全国各地へカレーを作りに行く「出張カリ～」が得意技。実験的カレーショップ「TOKYO SPICE CURRY」を運営している。

撮影　邑口京一郎
スタイリング　中里真理子
デザイン　藤田康平（Barber）
編集　小池洋子（グラフィック社）

カレー粉だけで
本格スパイスカレー！
簡単だけど、妥協しないレシピ。

2021年6月25日　初版第1刷発行

監修者 ——— 水野仁輔
著　者 ——— 東京カリ～番長
発行者 ——— 長瀬 聡
発行所 ——— 株式会社グラフィック社
　　　　　　〒102-0073
　　　　　　東京都千代田区九段北1-14-17
　　　　　　tel.03-3263-4318（代表）　03-3263-4579（編集）
　　　　　　郵便振替　00130-6-114345
　　　　　　http://www.graphicsha.co.jp
印刷・製本 —— 図書印刷株式会社